THÉÂTRE DU PALAIS-ROYAL.

LA BONBONNIÈRE,

OU

COMME LES FEMMES SE VENGENT,

VAUDEVILLE EN UN ACTE,

PAR MM. DUVERT ET LAUZANNE,

Représenté pour la première fois, à Paris, sur le théâtre du Palais-Royal,
le 1er février 1844.

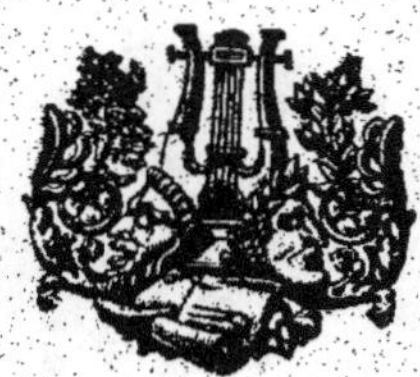

PRIX : 50 CENTIMES.

PARIS.

BECK, ÉDITEUR,

Rue Saint-André-des-Arcs, 21.

TRESSE, successeur de J.-N. BARBA, Palais-Royal.

1844.

LA BONBONNIÈRE,

OU

COMPTEZ LES FEMMES ET L'ARGENT,

VAUDEVILLE EN UN ACTE,

PAR MM. DUVERT ET LAUZANNE,

Représenté pour la première fois, à Paris, sur le théâtre du Palais-Royal, le 1er février 1834.

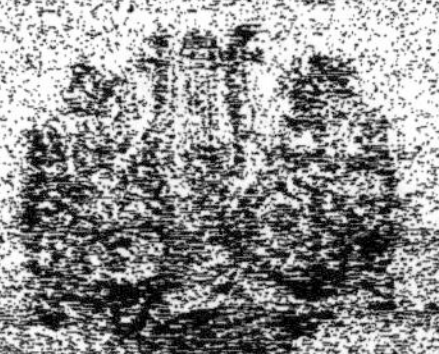

PRIX : 30 CENTIMES.

PARIS,

BRÉA, ÉDITEUR,

Galerie Vivienne.

1834.

LA BONBONNIÈRE,

OU

COMME LES FEMMES SE VENGENT,

VAUDEVILLE EN UN ACTE,

PAR MM. *Felix* DUVERT ET LAUZANNE,

Représenté pour la première fois, à Paris, sur le théâtre du Palais-Royal, le 1er février 1844.

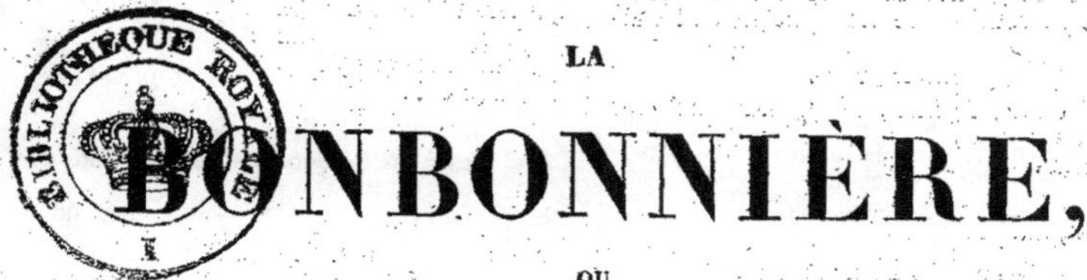

PERSONNAGES.		*ACTEURS.*
CHAMPIGNEL		M. RAVEL.
AGÉNOR, cousin de Maria..............................		M. BERGER.
HENRIETTE DUTERTRE, } jeunes veuves..................		Mme BLONVAL.
LAURE VERDIER,		Mme DEBEER.
MARIA (18 ans)		Mlle SCRIWANECK.
AMÉLIE, amie de Maria.................................		Mlle DUPOIS.
BAPTISTE, domestique de Champignel		M. BACHELARD.

La scène se passe à Auteuil, chez M. Pomaret, oncle de Maria.

Le théâtre représente un salon ouvert au fond sur un jardin. Portes à droite et à gauche conduisant dans les appartemens. La chambre de droite est occupée par Champignel. A gauche, un guéridon.

SCÈNE I.

MARIA, assise devant le guéridon et occupée à broder; AGÉNOR, venant du dehors.

MARIA.

Ah! c'est vous, Agénor?.. (Avec curiosité.) Eh bien?

AGÉNOR.

J'ai vu Mlle Amélie Grandin, je lui ai remis votre lettre; elle m'en a paru enchantée et m'a donné ce billet pour vous.

(Maria décachète la lettre.)

MARIA, lisant.

« Merci, ma chère Maria; à ce soir donc le »plaisir de t'embrasser; n'annonce pas mon ar- »rivée, et surtout ne prononce pas mon nom de »Grandin; des motifs que je te dirai m'obligent »à n'être pour aujourd'hui que ton amie de pen- »sion, AMÉLIE. » Vous entendez, Agénor?

AGÉNOR.

Comptez sur ma discrétion... Mais quelle est donc cette dame?

MARIA.

Une camarade de pension; elle est de la Mar- tinique... Revenue depuis peu en France, elle a appris que j'étais ici, à Auteuil, chez mon on- cle, M. Pomaret, vieux garçon, qui me laisse faire les honneurs de sa maison. Elle m'a témoi- gné le désir d'y être reçue, et ce que vous ve- nez de lui porter, c'est un billet d'invitation au petit bal improvisé que mon oncle donne ce soir dans l'orangerie, au bout du jardin. Je la crois mariée; mais, comme elle signe toujours du nom de Grandin, qui est celui de sa famille, j'en conclus qu'elle a épousé un de ses parens.

AGÉNOR.

Un cousin?

MARIA.

C'est possible.

1844

AGÉNOR, soupirant.

Les cousins sont bien heureux à la Martinique !.. les cousines ne craignent pas de les aimer.

MARIA, riant.

Oh ! tenez, Agénor, ne prenez pas de ces poses de victime, vous ne sauriez croire combien cela vous donne un air...

AGÉNOR, avec humeur.

Bête, dites le mot.

Air : Un page aimait la jeune Adèle.

Non ! tout mon zèle est inutile !
Comme on me sait pharmacien,
On se dit : C'est un imbécille...

MARIA.

Mais pas du tout !

AGÉNOR.

Un bon à rien !

MARIA.

Moi, je n'ai pas ce préjugé vulgaire,
C'est une erreur, tâcher de l'abjurer,
Car les erreurs d'apothicaire
Ne peuvent pas toujours se réparer.

Je crois plus que personne à l'esprit d'un pharmacien...

AGÉNOR, avec feu, en l'interrompant.

Ah ! Maria !..

MARIA, gaîment.

Quand il en a.

AGÉNOR, avec espoir.

Eh bien ! ma cousine ?

MARIA.

Eh bien !.. je vous préviens que, pour me plaire, il faut qu'un homme soit brillant, recherché... Est-il bien flatteur de conquérir un cœur qui n'est disputé par personne. Voyez les succès de M. Champignel, cet ami de mon oncle, qui est ici depuis quelques jours... Aussi, toutes ces dames se le disputent.

AGÉNOR.

Il n'est pourtant pas beau.

MARIA.

Non ; mais sa laideur lui va bien.

AGÉNOR.

Et ses ridicules ?

MARIA.

Il a le mérite, rare aujourd'hui, de n'imiter ceux de personne... il n'a que les siens... et puis, il est gai, spirituel... Hier, pour nous faire passer la soirée agréablement, il a imaginé une loterie comique qui nous a beaucoup amusés.

AGÉNOR.

Pas moi... Tous les gains étaient saugrenus... J'ai gagné une ligne à pêcher ; ce matin, je veux m'en servir, je vais à la rivière... la ligne était sans hameçon.

MARIA, riant.

Mais c'est là le plaisant !

AGÉNOR, piqué.

Ainsi, Maria, vous préféreriez un homme qui ferait la cour à toutes les femmes ?..

MARIA.

A un homme auquel personne ne prend garde, mais oui !

AGÉNOR, avec éclat.

Ah ! c'est à me faire sortir de mon caractère !

MARIA, riant.

Si vous n'y rentrez pas, vous ne pouvez qu'y gagner.

AGÉNOR, froissé.

Encore ! (Avec colère.) Eh bien ! à partir de ce moment, je vais devenir un misérable séducteur, un don Juan !.. je rendrai les femmes malheureuses ; je les tromperai toutes !..

MARIA, riant.

Ah ! je suis curieuse de voir cela !

AGÉNOR.

Vous verrez ! vous verrez !.. Oh ! vous ne savez pas ce dont mon amour est capable !..

(A l'entrée de Champignel, il passe à gauche de la scène.)

SCÈNE II.

AGÉNOR, MARIA, CHAMPIGNEL.

CHAMPIGNEL, à la porte de droite.

Eh ! mon Dieu ! qu'y a-t-il donc ?

MARIA.

Approchez, M. Champignel, n'ayez pas peur.

CHAMPIGNEL.

Moi, peur ? Je n'ai jamais eu peur de rien ; si, j'en excepte la grande venette que j'ai ressentie à mon second voyage aux Antilles, en passant devant les Açores...

AGÉNOR, riant.

Il en convient ! (A Maria.) Il est peureux... ah ! ah ! ah !

CHAMPIGNEL.

Vous riez, Agénor ? Il n'y a, ma foi, pas de quoi rire. Quand l'eau (et l'eau de mer encore, la liqueur la plus triste que je connaisse), quand l'eau entre dans le bâtiment sans prendre de contremarque, comme au spectacle gratis, et que le ciel joue de la trombonne... je voudrais vous y voir ! Je ne prétends nullement mettre en doute le courage qui caractérise votre profession, mais je crois que le plus intrépide pharmacien se trouverait fort contrarié de l'incident.

MARIA, riant.

C'est bien possible.

AGÉNOR, à part.

Elle le soutient !

MARIA.

Ah ! mais j'oubliais que vous êtes mon débiteur, M. Champignel... Il m'est échu hier un lot à la loterie, dont vous vous êtes chargé de faire les frais.

CHAMPIGNEL, avec une galanterie affectée.

Me croyez-vous capable d'oublier la dette,

lorsqu'il me serait impossible d'oublier le créancier ?

MARIA, d'un air de doute.

Eh ! eh !

CHAMPIGNEL.

Je tiens à me réhabiliter ; veuillez accepter ces bonbons.

(Il présente un paquet enveloppé de papier.)

MARIA.

Du tout ! du tout ! c'est un subterfuge !

AGÉNOR, enchanté.

C'est un subterfuge, ne les prenez pas.

MARIA.

J'ai gagné une petite poignée de bois de bonlean...

AGÉNOR.

Dans la forme la plus classique...

MARIA.

Et je veux être payée.

AGÉNOR, raillant.

M. Champignel n'a su comment s'y prendre pour vous présenter un semblable objet !

CHAMPIGNEL.

Si le destin est un malotru, n'a-t-on pas le droit de corriger ses arrêts ? J'ai chargé Berthelemot de mes pleins pouvoirs, et voici ce que j'ai tiré de ce célèbre... sucrier.

(Il retire le papier qui enveloppe une poignée de verges, dont le manche forme bonbonnière.)

MARIA, enchantée.

Ah ! M. Champignel, c'est d'une galanterie...

CHAMPIGNEL, à part.

Je le pensais !

AGÉNOR.

Ah ! c'est d'un fade !

CHAMPIGNEL.

J'ai d'abord hésité un moment à vous donner cet instrument qui me rappelle des souvenirs assez... cuisans, car on n'y mettait pas de dragées, dans ce temps-là ; mais après ça, je me suis dit : Bah !

(Offrant la poignée de verges avec galanterie à Maria.)

Air de Juliet.

En vous offrant ce faisceau ridicule
Que proscrit l'Université,
J'ai, pour dissiper tout scrupule,
L'exemple de l'antiquité ;
Quand, dans leurs marches triomphales,
Ils rencontraient la Sagesse en chemin,
Les faisceaux du licteur romain
S'inclinaient devant les vestales.

MARIA.

Oh ! mille remercîmens.

AGÉNOR, à part.

Décidément, il a des vues sur Maria.

MARIA.

En vérité, c'est d'une délicatesse...

CHAMPIGNEL, lui prenant la main pour la baiser.

Je suis heureux, charmante Maria, d'avoir conquis votre suffrage.

MARIA, lui donnant un coup de verges sur la main, et riant.

Oui, mais je n'aime pas qu'on me prenne la main.

CHAMPIGNEL, surpris.

Eh ! quoi ! aurais-je donné des... armes pour me... combattre ?

(Maria sort en riant par la gauche, après avoir jeté les verges sur le guéridon à gauche.)

AGÉNOR, à part, avec humeur.

J'ai horreur de ces plaisanteries-là... Il faut qu'il s'explique.

SCÈNE III.

CHAMPIGNEL, AGÉNOR.

AGÉNOR.

A nous deux, M. Champignel !

CHAMPIGNEL, l'examinant attentivement.

Ah ! mon Dieu ! mon pauvre Agénor, vous avez le regard flamboyant comme l'épée de Saint-Michel quand il a terrassé le diable ; ce qui n'était pas une petite affaire, non !

AGÉNOR.

Vous plaisantez, vous plaisantez...

CHAMPIGNEL.

Nullement ! Je n'ai pas été témoin de ce... terrassement, mais il m'a été rapporté par des personnes qui méritent toute confiance.

AGÉNOR.

Je désire savoir quelles sont vos intentions relativement à ma cousine.

CHAMPIGNEL.

Excellentes, ma foi !

AGÉNOR.

Malgré tous vos moyens de séduction, vous ne parviendrez pas à son cœur ; elle est bonne, elle est simple, mais je suis sûr de sa vertu.

CHAMPIGNEL, sérieusement.

Oh ! d'abord, croire à la vertu des simples, c'est le premier article de la charte des apothicaires... Mais, rassurez-vous, votre cousine est demoiselle... et à ce titre, elle a droit à une parfaite indifférence... les jeunes filles sont exigeantes, maladroites, compromettantes... Parlez-moi des femmes mariées et des veuves... Ah ! si vous étiez son mari, je ne dis pas que je n'élèverais point quelques prétentions...

AGÉNOR.

Comment ?

CHAMPIGNEL, vivement.

Insensées... qui n'auraient aucun succès, je me plais à le... craindre ; mais d'ici là, jamais ! Soyez sûr que je ne songe pas plus à obtenir le cœur de Mlle Maria que je ne songe à demander la place du pape.

AGÉNOR, avec joie.

Bien vrai ?

CHAMPIGNEL, avec dignité.

Agénor, me supposeriez-vous des vues sur le trône pontifical ?

AGÉNOR.

Non !

CHAMPIGNEL.

Vous me rendez justice.

AGÉNOR.

Eh bien ! non !.. Tout à l'heure, je vous croyais mon rival, je vous en voulais... et, maintenant... ah ! vous me rendez le plus heureux des hommes !

CHAMPIGNEL.

Le plus heureux... après moi, s'il vous plaît, car j'ai des prétentions à cette dignité-là ; le sort m'a toujours favorisé.

AGÉNOR, étonné.

Toujours favorisé ?

CHAMPIGNEL.

En affaires comme en amour, j'ai réussi partout.

AGÉNOR, de même.

Partout ?

CHAMPIGNEL.

Et cela me donne une grande confiance en moi-même, voyez-vous. Je vais de l'avant, et je ne m'inquiète de rien, tant je suis sûr de trouver un succès au bout du chemin.

AGÉNOR, de plus en plus surpris.

Au bout du chemin ?

CHAMPIGNEL, impatienté.

Sapristi ! ne répétez donc pas comme cela tout ce que je dis, il n'y a rien de plus fatigant.

AGÉNOR.

Il n'y a rien de plus...

CHAMPIGNEL, vivement.

Vous voyez bien ! vous ne vous apercevez pas de cela ; c'est une mauvaise habitude.

AGÉNOR.

Oui, une mauvaise habitude.

CHAMPIGNEL, gaîment.

Allons ! que le diable vous emporte ! et n'en parlons plus ; nous ne nous brouillerons pas pour cela.

AGÉNOR.

Oh ! non, nous ne nous... (Se reprenant.) Rien, rien !.. c'est l'étonnement qui fait ça.

CHAMPIGNEL.

Pour vous prouver combien j'ai toujours eu du bonheur, regardez un peu : Il y a quelques années, éprouvant le besoin de faire fortune, je me proposai d'aller aux Antilles.

AGÉNOR.

Ah ! ah !

CHAMPIGNEL.

J'allais faire une pacotille, lorsque je me dis : Voyons donc ! il est question de l'affranchissement des noirs, faisons quelque chose pour les préparer à cette grande émancipation, aidons au développement de leur intelligence. C'est une bonne idée, on a beau dire.

AGÉNOR.

On a beau dire... oui.

CHAMPIGNEL.

J'emporte avec moi un chargement de lotos, de bilboquets, de jeux d'oie (où l'esprit se déploie), de trous-madame et autres objets propres à développer le génie de cette portion... fâcheuse

de l'humanité. Comment trouvez-vous mon plan ?

AGÉNOR.

Délicieux.

CHAMPIGNEL.

Et philanthropique, donc ? Mille pour cent de bénéfice, rien que ça ! Mais comme si le diable s'en était mêlé, il se trouva qu'un armateur de Bordeaux avait eu la même idée, et j'appris que huit jours avant que je misse à la voile, le brick *le Chapeau à trois cornes*, navire de 200 tonneaux, était parti pour la même destination, encombré uniquement de bilboquets, de jeux d'oie (ou l'esprit se déploie) et de trous-madame : de plus, ce coquin d'armateur, affreux girondin, homme rétrograde s'il en fut, y avait joint une forte partie de dominos, jeu déplorable qui ne tend qu'à abrutir les noirs, si j'en dois juger par l'effet qu'il produit sur les blancs. Que faire ? grand Dieu ! que faire ?.. Je me désolais, mon cher ami, je m'arrachais les cheveux sur la plage et je jetais des cris à étonner les hommes les plus âgés ! car ce gueux de *Chapeau à trois cornes* avait huit jours d'avance, et je me disais : (D'un air désolé.) S'il arrive avant moi, il va empoisonner la colonie de ses articles, et quand je débarquerai, que ferai-je de 2,000 bilboquets, de 5,428 trous-madame et d'une quantité innombrable de jeux d'oie ? Quand je passerais le reste de mes jours et de mes nuits à jouer à cela, je ne les userai jamais !

AGÉNOR.

Jamais !

CHAMPIGNEL.

Jamais ! Et puis... est-ce une position ? J'étais au dernier paroxisme du désespoir, ruiné à plat, car, voyez-vous :

Air : Ces postillons sont d'une maladresse.

Je suis de ceux que jamais rien n'arrête,
Pour me soustraire à cette adversité,
    Je voulais piquer une tête
Dans l'Océan.

AGÉNOR.

Dieu ! quelle extrémité !

CHAMPIGNEL.

C'était fini, je l'avais décrété.
Il faut mourir, disais-je avec colère,
Et je m'apprêtais à plonger...

AGÉNOR.

Mais, par bonheur, vous restâtes à terre...

CHAMPIGNEL, tranquillement.

Ne sachant pas nager.

Cette considération m'arrêta court. Je me résignai et nous mîmes à la voile, lorsqu'à la hauteur des Açores, nous rencontrâmes ce polisson de *Chapeau à trois cornes* qui luttait contre la tempête, le drôle qu'il était... et nous eûmes la douleur de voir infuser mon odieux rival dans le sein d'Amphitrite.

AGÉNOR.

D'Amphitrite ?

CHAMPIGNEL.

Veuve Neptune.

AGÉNOR.

Grand Dieu !

CHAMPIGNEL, avec volubilité.

Lui et ses bilboquets, ses dominos, ses jeux d'oie, ses trous-madame ; que le diable les emporte ! bien des choses chez vous !

AGÉNOR.

Tout a péri ?

CHAMPIGNEL.

Tout a péri !.. excepté l'équipage.

AGÉNOR.

Et vous ne fîtes rien pour sauver la cargaison ?

CHAMPIGNEL, avec importance.

Des vœux... beaucoup... pas moi !.. Vous jugez quelle affaire ! c'était un quine ! Je ne puis guère considérer cela que comme un quine, ou au moins comme un quaterne... (pas sec, par exemple !) Je tirai cent mille francs de mes... denrées, heureux d'avoir ainsi contribué pour ma part à la civilisation des nègres, et d'avoir élevé leur intelligence au niveau de celle des personnes... moins foncées.

AGÉNOR.

Oh ! oui, vous avez été heureux !

CHAMPIGNEL.

Et depuis ce temps-là, bonheur sur bonheur ; aux Antilles, j'ai fait émeute.

AGÉNOR.

Émeute ! vraiment ?

CHAMPIGNEL, appuyant.

Émeute ! Je voudrais trouver un mot plus propre, il n'y en a pas. C'est surtout parmi les demoiselles créoles que je fis beaucoup de dégats... J'en distinguai une, la fille d'un planteur... une femme charmante, brune, vive, emportée, des yeux... grands comme des bouches... droite comme une canne à sucre... mais, plus forte, par exemple... et très riche.

AGÉNOR.

Vous n'avez pas songé à l'épouser ?

CHAMPIGNEL.

Vous allez voir... (D'un air vaporeux.) Un jour, transporté d'amour, je la trouve dans une savane : le bengali murmurait sur nos têtes de voluptueux accords... (Changeant de ton et d'un air confidentiel.) Je ne méprise pas le cri de ce pierrot des tropiques. (Il reprend sa première intention.) Une brise parfumée soufflait dans nos cheveux et me poussait aux choses... tendres, lorsque...

SCÈNE IV.

Les Mêmes, BAPTISTE, sortant de chez Champignel, deux bouquets à la main.

BAPTISTE.

Monsieur...

CHAMPIGNEL.

Qu'est-ce ?

BAPTISTE.

On apporte les deux bouquets que Monsieur a demandés.

CHAMPIGNEL.

Ah ! bon ! je sais... porte celui-ci à Mme Dutertre.

AGÉNOR, surpris.

Comment ?.. Mme Dutertre ?..

CHAMPIGNEL.

Mon Dieu ! oui... c'est une attention... Je lui ai fait espérer ma main.

AGÉNOR.

Je n'en reviens pas !.. Et vous croyez qu'elle acceptera ?

CHAMPIGNEL.

Pourquoi non ?.. Elle est veuve, elle jouit de ses droits civiques.

BAPTISTE.

Et celui-ci, Monsieur ?

CHAMPIGNEL.

Ah ! celui-ci, c'est différent ; je le destine à Mme Verdier.

AGÉNOR.

Mme Verdier !

CHAMPIGNEL.

C'est une attention... Je lui ai fait espérer ma main.

AGÉNOR, au comble de sa surprise.

Aussi ?

CHAMPIGNEL.

J'ai deux mains... (A Baptiste.) Allons, va... et sois régence.

(Baptiste sort par le fond.)

SCÈNE V.

AGÉNOR, CHAMPIGNEL.

AGÉNOR.

Deux intrigues à la fois !.. Tandis que moi qui ai tant besoin d'en avoir une, je ne sais où la prendre.

CHAMPIGNEL.

Quelle est cette immoralité ? Et votre cousine, elle est donc supprimée ?

AGÉNOR.

C'est par fidélité que je veux la tromper... Elle m'a signifié qu'elle n'aimera jamais qu'un homme brillant.

CHAMPIGNEL.

Oh ! alors, je comprends votre embarras.

AGÉNOR.

Qu'un homme qui aura des bonnes fortunes. J'en ai une en vue.

CHAMPIGNEL, étonné.

Vous ?.. tiens !

AGÉNOR.

Une créature charmante, notre voisine de campagne, chez qui je suis allé ce matin, une amie de Maria.

CHAMPIGNEL.

Tiens ! vous me faites souvenir que moi aussi j'en ai encore une autre qui me tient tout ceci, voyez-vous... de là... là... (Il montre son cœur.) Mais voilà le vaporeux... c'est que je ne sais pas son nom... j'ignore qui elle est, je n'ai jamais vu son visage.

AGÉNOR.

Bah !

CHAMPIGNEL.

Elle m'apparaît toujours sous le voile... de l'anonyme... que je suppose être en tulle ou en dentelle... Du reste, vêtue comme le page qui vint annoncer la fin tragique de M. de Marlborough.

AGÉNOR.

En noir, alors ?

CHAMPIGNEL.

Toujours en *oir*, comme la troisième conjugaison.

AGÉNOR.

C'est donc une Espagnole, ou une Portugaise ?

CHAMPIGNEL.

Vous en jugerez, je vous la montrerai ; il y a bal, elle sera ici ce soir.

AGÉNOR.

Ici ?... Et comment s'y introduirait-elle, si elle n'est pas connue de mon oncle, M. Pomaret ?

CHAMPIGNEL.

Je n'en sais rien ; mais elle sait pénétrer partout où je suis... Sauf la couleur, c'est une espèce de dame blanche dont je suis le... Ponchard.

AGÉNOR.

Ah! ah! c'est trop de présomption, ça, allons!

(Ici, Maria traverse le jardin au fond, de gauche à droite, avec une dame vêtue de noir. Elles se donnent le bras.)

CHAMPIGNEL, l'indiquant.

Tenez, que vous disais-je !.. avec votre cousine.

AGÉNOR, après avoir vu le visage de la dame, qui a baissé son voile aussitôt ; à lui-même.

Amélie Grandin !.. c'est elle ! ah !

CHAMPIGNEL.

Vous la connaissez ?

AGÉNOR.

Moi ?.. du tout !.. (A part.) On m'a recommandé le secret.

CHAMPIGNEL.

Oh! parbleu! il faut que que je sache...

(Fausse sortie.)

AGÉNOR, à lui-même, désolé.

Il les lui faut donc toutes !

CHAMPIGNEL.

Les voici !

Air de Lucrèce Borgia.

Rentrons, et surtout du mystère !
Sur mes projets, ne dites rien !
Au nom du ciel, sachez vous taire,
Et je le crois, tout ira bien.

ENSEMBLE.

CHAMPIGNEL.

Rentrons, et surtout du mystère, etc.

AGÉNOR.

Rentrons, et surtout du mystère !
Comptez sur moi, ne craignez rien ;
Quand il le faut, je sais me taire,
Et, je le crois, tout ira bien.

(Champignel rentre chez lui ; Agénor sort par la porte à gauche.)

SCÈNE VI.

Mme DUTERTRE, AMÉLIE, MARIA, LAURE, entrant par le fond, à droite.

TOUTES.

Air : Eternelle amitié.

Quel bonheur ! quoi ! ce soir,
En ces lieux nous revoir !
Pouvait-on concevoir
Un si flatteur espoir ?
Quels joyeux souvenirs !
Ah ! le temps des plaisirs
Va renaître pour nous
Plus riant et plus doux !

MARIA.

Mais, quel bonheur ! quatre amies de pension qui se trouvent réunies !

Mme DUTERTRE.

Ma bonne Amélie, qu'es-tu donc devenue, depuis quatre ans que tu nous as quittées ?

LAURE.

Tu ne t'es donc pas mariée à la Martinique, puisque tu es toujours Amélie Grandin ?

Mme DUTERTRE.

Est-ce que...

AMÉLIE.

Je vous demande vingt-quatre heures avant de vous faire mes confidences.

MARIA.

Ah ! si c'est un roman !

AMÉLIE.

Hélas ! non ! c'est de l'histoire... mais toi, Henriette ?..

Mme DUTERTRE.

Moi, je suis veuve depuis un an, ma chère !

LAURE, gaîment.

Moi aussi !

MARIA.

Il n'y a que moi qui suis toujours demoiselle.

AMÉLIE.

Ah ! tu es bien heureuse !

MARIA.

Par exemple !

Mme DUTERTRE.

Ne disputons pas là-dessus.

AMÉLIE.

Ce serait comme à la pension, où nous n'étions jamais d'accord.

LAURE.

Surtout quand nous faisions de la musique d'ensemble.

MARIA.

Mais ici, nous ne ferons pas de musique.

c'est le moyen de conserver l'harmonie entre nous ; non, pas de petites jalousies ! pas de rivalités !.. jamais !

TOUTES.

Non, jamais !

MARIA.

Quand même il s'agirait de certain cavalier, bien galant, bien empressé...

Mme DUTERTRE.

A coup sûr, tu ne veux pas parler de M. Champignel.

AMÉLIE, à part.

M. Champignel !.. ah !

LAURE.

Si fait, car il demande à m'épouser, et voici un bouquet que je tiens de sa galanterie.

Mme DUTERTRE.

Ah ! le monstre !.. Et moi aussi, ma chère, il m'a fait la même promesse... et ce bouquet...

AMÉLIE.

Vous épouser !.. Soyez assurées, mes bonnes amies, qu'il n'épousera aucune de vous.

LAURE et Mme DUTERTRE.

C'est ce qu'il faudra voir !

MARIA.

Tiens ! et qui donc l'en empêcherait ?

Mme DUTERTRE, à Amélie.

Toi, peut-être ?

LAURE.

Elle arrive exprès des Antilles !

AMÉLIE.

Vous verrez !

MARIA.

Il m'a invitée pour le premier quadrille... je saurai à quoi m'en tenir.

LAURE.

Il ne danse jamais qu'avec moi.

Mme DUTERTRE.

Quand je ne suis pas là.

AMÉLIE.

Je vais vous mettre toutes d'accord : aucune de vous ne dansera avec M. Champignel.

TOUTES.

Ah ! c'est un peu fort !

AMÉLIE.

Il vient !.. Mes bonnes amies, au nom du ciel ! trève à nos querelles ! union dans le danger !
(Elle abaisse son voile, et se tient à l'écart au fond à gauche.)

Mme DUTERTRE, aux deux autres.

C'est une coquette !.. Elle ne veut pas qu'il danse avec nous.

MARIA.

Empêchons-les de se parler.

LAURE.

C'est convenu.

(Elles remontent à gauche.)

●●

SCÈNE VII.

AMÉLIE, derrière les trois autres ; MARIA, LAURE, Mme DUTERTRE, CHAMPIGNEL.

AMÉLIE, au fond.

Le voilà, le traître !

CHAMPIGNEL, venant de la droite, en habit de bal.

Me voici sous les armes... (Il se retourne.) J'aperçois mon fantôme !.. Côtoyons-le et abordons-le !..

(Il se dirige vers Amélie.)

Mme DUTERTRE, qui est descendue, l'arrêtant.

Ah ! c'est vous, Monsieur !.. Savez-vous qu'il n'est pas bien de se faire ainsi désirer.

CHAMPIGNEL.

Je vous demande un million ; je viens d'avoir un duel avec ma cravate ; la lutte a été longue, mais j'ai fini par triompher.

Mme DUTERTRE.

Comme toujours.

(Elle remonte vers les deux autres dames.)

CHAMPIGNEL, se dirigeant vers Amélie, à part.

Il faudra bien qu'elle se dévoile.

LAURE, lui barrant le passage.

M. Champignel, je compte sur vous pour la valse.

CHAMPIGNEL.

Je suis le plus fortuné des hommes !.. (Bas, à Louise.) N'ayons pas l'air d'intelligence. (Il passe derrière elle. A part.) A mon inconnue, maintenant !

(Au moment où il se retourne, il se trouve nez à nez avec Maria.)

MARIA.

Est-il heureux, ce M. Champignel, les danseuses lui tombent du ciel.

CHAMPIGNEL, préoccupé.

Toutes rôties.

MARIA.

Je vous ai promis le premier quadrille.

CHAMPIGNEL.

Comment donc !.. (Il s'incline et se dirige à gauche. Pendant ce dernier jeu de scène, Laure a rejoint Mme Dutertre et Amélie. Maria remonte auprès d'elles, et elles se trouvent toutes à droite. Amélie, derrière les trois autres dames, écrit au crayon sur un carnet dont elle déchire une feuille. Champignel est à gauche. A part.) Ah ça ! mais, décidément c'est un complot !

Air de l'Apothicaire.

Plus de doute, on se rit de moi !

Mme DUTERTRE, à Laure et Maria.

Sa position est cruelle !

LAURE.

Il est furieux !

MARIA.

Je le crois !

CHAMPIGNEL, à part.

Et pas moyen d'approcher d'elle !

Mme DUTERTRE, entre Laure et Maria.

De peur que nous ne fléchissions,
De ce complot serrons la trame.

(Elles se sont placées sur une seule ligne, en se donnant la main, et cachent entièrement Amélie à Champignel.)

CHAMPIGNEL, sur le devant de la scène, furieux, et
à part.

Je suis bloqué par trois pions
Qui m'empêchent d'aller à dame!

(Toutes, excepté Amélie, qui reste au deuxième
plan, se rapprochent de Champignel *.

LAURE, raillant.
Mais qu'avez-vous donc, M. Champignel?
Mme DUTERTRE.
Vous avez vraiment l'air d'un homme qui a
gagné un mauvais lot à une loterie comique.
(Elle rit.)
CHAMPIGNEL, s'efforçant de rire.
Moi?.. Ah! ah! ah!.. (A part.) Cela se con-
firme! on me gausse!
MARIA, gaîment, allant prendre les verges-bonbon-
nières qu'elle avait précédemment posées sur le
guéridon à gauche.
Oh! M. Champignel excelle dans ces sortes de
loteries. Voilà le lot qui m'est échu hier.
CHAMPIGNEL, comme par inspiration, à part.
Oh! le ciel me tend la main, saisissons-la...
(Haut.) Permettez-moi d'en faire les honneurs à
ces dames. (Il prend les verges des mains de Ma-
ria, en retire le couvercle, et veut offrir des bon-
bons à Amélie.) Madame, oserai-je...
MARIA, l'arrêtant.
Et moi? vous ne m'en offrez pas?
CHAMPIGNEL, présentant des bonbons aux trois
dames.
Ah! pardon!
(Il fait un pas vers Amélie.)
MARIA, l'arrêtant par le bras.
Et vous, vous n'aimez donc pas les bonbons!
(Il avance l'autre bras vers Amélie, qui, sans être
vue, jette un papier dans la bonbonnière.)
CHAMPIGNEL.
Si, vraiment!.. (A part.) Oh! c'est insuppor-
table!.. (Il s'éloigne à droite avec humeur. Les
dames remontent au fond à gauche. Il va pour pren-
dre un bonbon, et saisit le papier qu'Amélie a glissé
dans la bonbonnière.) Un billet!
(Il cache les verges sous sa rédingote, et se détourne
avec précaution.)
TOUTES, riant.
Il est furieux!
CHAMPIGNEL, à part.
L'écriture est déguisée. (Il lit.) « Ne parais-
» sez pas au bal, cherchez un prétexte, et ren-
» trez dans votre appartement. » Un rendez-
vous!.. Mais de qui?.. mais de qui?.. N'im-
porte!.. (Il jette un cri.) Oh!..
(Il tombe assis dans un fauteuil à droite.)
Mme DUTERTRE.
Qu'avez-vous donc?
CHAMPIGNEL.
Je viens de me fouler le pied... Oh! sacr...
TOUTES, excepté Amélie, s'empressant autour
de lui.
Est-il possible!..

* Mme Dutertre, Maria, Champignel, Laure,
Amélie.

AMÉLIE, près du guéridon à gauche, à part.
A merveille!
CHAMPIGNEL, se frottant le pied.
Nom d'un petit!.. Oh! ventre de biche!..

SCÈNE VIII.

AMÉLIE, AGÉNOR, CHAMPIGNEL, assis;
Mme DUTERTRE, LAURE et MARIA, derrière Champignel.

AGÉNOR, accourant.
Qu'est-ce donc, bon Dieu?
MARIA.
Ce pauvre M. Champignel... une entorse!
AGÉNOR.
Une entorse?
CHAMPIGNEL.
Oui, une entorse!.. (A part.) A la vérité!..
(Haut.) Mais le ciel est pour moi, il m'envoie un
apothicaire. Le remède vient au devant du mal.
AGÉNOR, remontant la scène.
De l'eau froide!.. vite! vite! des compresses!
CHAMPIGNEL, vivement.
Non, non, rien!.. il ne me faut que du re-
pos; je connais ça, j'y suis très sujet.
AGÉNOR, avec étonnement.
Aux entorses?.. Tiens!
CHAMPIGNEL.
Ce qui m'afflige le plus, c'est de ne pouvoir
aller au... (Cri de douleur.) Oh!.. au... (Cri de
douleur.) Oh!.. au bal... (Gaîment.) Voyez, ce
que c'est, je bégaie à présent.
AGÉNOR.
Que voulez-vous?.. je vous remplacerai au-
près de ces dames. (A Amélie.) Madame, dai-
gnerez-vous m'accepter pour cavalier?
(Les trois autres dames remontent la scène à droite.)
AMÉLIE, à mi-voix.
Si j'accepte, puis-je compter sur vous?
AGÉNOR, vivement, bas.
Dieu! jusqu'à la mort!
AMÉLIE, de même.
Eh bien! accompagnez votre ami, et...
(Elle lui parle bas.)
CHAMPIGNEL, à part.
Mais quelle est la main qui a commis ces pieds
de mouche?.. (Regardant les dames.) Elles sont
toutes bien... je me risque.
Mme DUTERTRE, indiquant Amélie, qui parle bas à
Agénor.
Que peut-elle lui dire?
LAURE.
C'est une coquette!
MARIA.
Qui les accapare tous!
AGÉNOR, bas, à Amélie.
Je vous en rendrai compte... (A Champignel.)
Allons, mon pauvre Champignel, venez, prenez
mon bras.

(Les deux dames, excepté Amélie, se sont rappro-
chées de Champignel.

CHAMPIGNEL.

J'en ai besoin... soyez ma béquille... (Il s'appuie sur l'épaule d'Agénor.) Homère ou Bélisaire appuyé sur son groom.

CHŒUR.

Air : Quelle horrible aventure.

Quelle triste aventure !
Est-il sort plus fatal ?
Se faire une foulure
Juste au moment du bal.
Quel malheur ! sort fatal !

CHAMPIGNEL.

Je ne suis pas des plus ingambes,
Si du sort je subis les coups,
Du moins, à défaut de mes jambes,
Mon cœur va danser avec vous.

CHŒUR.

Quelle triste aventure ! etc.

(Champignel et Agénor sortent à droite.)

SCÈNE IX.

MARIA, AMÉLIE, Mme DUTERTRE, LAURE.

AMÉLIE.

Je vous l'avais bien dit, qu'il n'irait point au bal.

MARIA.

Comment ! c'est toi...

AMÉLIE.

Peut-être !

Mme DUTERTRE, à part.

C'est une indignité !

LAURE, de même.

Quelle perfidie !

Mme DUTERTRE.

Tiens, avoue franchement que tu connaissais M. Champignel.

AMÉLIE.

Hélas ! mon Dieu ! je voudrais bien pouvoir le cacher !

MARIA.

Avoue que tu n'es venue ici que pour lui.

AMÉLIE.

Je l'avoue encore... Oui, j'avais le plus vif désir de voir M. Champignel.

Mme DUTERTRE et LAURE.

Elle l'aime !..

MARIA.

Dis plutôt qu'elle l'adore !

AMÉLIE.

Quelle folie !

TOUTES.

Oui, oui, tu l'adores !

AMÉLIE.

Moi, l'adorer !.. Mesdames, je vais vous prouver d'un mot que cela est impossible... Je suis sa femme.

MARIA.

Sa femme !

LAURE et Mme DUTERTRE.

Pauvre Amélie !

AMÉLIE.

Oui, sa femme !.. Vous allez tout savoir... Quand mon père me rappela à la Martinique, j'y arrivai triste ; je vous quittais, mes bonnes amies, je quittais la France, et il y a si loin de Paris au Fort-Royal !.. Un beau ciel ! mais quelle terre !.. des nègres partout !

Mme DUTERTRE.

Tiens ! un beau nègre, c'est très-joli !

AMÉLIE.

Derrière une voiture, c'est possible. Mon père voulait m'établir ; mais les jeunes gens convenables sont rares dans les colonies.

Air : Pour obtenir celle qu'il aime.

Car, par un traité d'alliance,
Et que l'usage a paraphé,
C'est nous qui fournissons la France
De noirs, de sucre et de café ;
Et de nos fertiles contrées
Echangeant ainsi les denrées,
Nous faisons venir de Paris
Et les chapeaux et les maris.

Ce fut alors que M. Champignel se fit présenter chez mon père... il avait une certaine fortune, résultat de je ne sais quelle spéculation saugrenue qui lui avait réussi... Que vous dirai-je ? son enjouement, sa gaîté me captivèrent... et puis, il possédait une qualité immense à mes yeux !

TOUTES.

Laquelle ?

AMÉLIE.

Il était blanc... ou à peu près.

MARIA.

Ah ! cette qualité !

AMÉLIE.

Le défaut de concurrence me la rendait précieuse... Enfin, je crus qu'en épousant un Parisien je redevenais Parisienne, et je m'attachai à cette illusion avec une ardeur...

Mme DUTERTRE.

D'amante ?

AMÉLIE, avec énergie.

De créole ! (Toutes font un mouvement de surprise mêlée de crainte.) Mon père tenta de s'opposer à mes désirs ; je criai à la tyrannie, et mon irritation était si grande, que je le menaçai de me porter aux résolutions les plus extrêmes... et je l'aurais fait !

TOUTES.

Vraiment.

AMÉLIE.

Enfin, j'épousai Champignel, j'étais heureuse... mais, peu à peu, je m'aperçus que mon mari devenait distrait, qu'il était moins empressé, moins prévenant...

MARIA.

Aïe ! aïe !

AMÉLIE.

Ma première pensée fut qu'il me trompait.

J'étais désespérée, furieuse ; je le fis suivre ;
toutes ses démarches me furent connues, et
j'appris qu'il avait des intelligences... (Quelle
horreur!) avec une négresse !

TOUTES.

Ah ! quel monstre !

AMÉLIE.

Mais, je n'ai jamais subi un outrage sans me
venger ! Un soir, le temps était sombre, et tandis que monsieur se rendait, tout transporté
d'amour, à un odieux rendez-vous, je le fis sai-
sir par deux nègres vigoureux qui le plongèrent
à plusieurs reprises dans la rivière.

TOUTES.

Grand Dieu !

LAURE.

Mais, sa belle ?

AMÉLIE.

Il ne la revit plus.

Mᵐᵉ DUTERTRE.

Tu en es sûre ?

AMÉLIE.

Je la fis vendre.

TOUTES.

Ah !

AMÉLIE.

C'est quelque temps après qu'une lettre d'Europe lui apprit que d'importantes affaires exi-
geaient sa présence à Paris. Il partit; je restai
seule à la Martinique, et au lieu de s'attacher à
charmer du moins par ses lettres les ennuis de
ma solitude, croiriez-vous, mes bonnes amies,
que depuis deux ans, il ne m'a écrit qu'une
fois? qu'une seule fois?

MARIA.

Quel oubli des convenances !

AMÉLIE.

Oh ! alors, je n'y tins plus ! je m'embarquai
sur le premier bâtiment qui mettait à la voile...
à peine arrivée au Hâvre, j'accours à Paris, et
j'apprends que monsieur, bien loin de s'occuper
d'affaires, court les bals, les concerts, les spec-
tacles; qu'il fait la cour à toutes les femmes, et
qu'il a l'indignité de cacher son mariage.

TOUTES.

Mais c'est un guet-apens !

Mᵐᵉ DUTERTRE.

C'est qu'on pouvait s'y laisser prendre !

LAURE.

Certainement !

AMÉLIE.

Le monstre! me tromper ! m'humilier à ce
point !

Air : Ces dames avaient le projet.

A ma fureur donnons un libre essor !
Pourquoi faut-il, ô faiblesse cruelle !
Que, malgré moi, mon cœur palpite encor
    Au souvenir de l'infidèle !
Oui, tu sauras, mais trop tard pour tous deux,
Quand de l'absence ainsi tu te consoles,
Si la vengeance est le plaisir des dieux
Que c'est aussi le plaisir des créoles !
Si la vengeance est le plaisir des dieux,
    C'est aussi celui des créoles !

TOUTES.

Oui, oui, cela crie vengeance !

AMÉLIE.

Et c'est moi que cela regarde. Je suis créole,
je veux une vengeance... créole !

Mᵐᵉ DUTERTRE.

Quel est ton projet ?

AMÉLIE, d'un ton de menace concentrée.

Fiez-vous à moi !

Air de la Marseillaise des femmes.

Puisque du serment qui l'enchaîne
    Il méconnaît l'autorité,
Sur ses deux bras rivons la chaîne !
    Frappons l'esclave révolté !
    Pour punir ses perfidies,
    De cœur nous nous unissons;
    Vengeance aux femmes trahies !
    Et guerre aux maris garçons !
        Oui, qu'ici,
        Mon mari
        Soit puni !

TOUTES.

Génie heureux de la vengeance,
Viens nous aider de ta puissance !
        Sans merci,
        Guerre à lui !

AMÉLIE.

Mais, prudence!
Sachons bien diriger nos coups !

TOUTES.

Vengeance!
Du traître, ici, vengeons-nous !

(Elle sort par le fond et se dirige vers la droite. Les
trois autres dames l'accompagnent et restent au
fond, tournant le dos au public.

SCÈNE X.

MARIA, Mᵐᵉ DUTERTRE, LAURE, AGÉNOR;
puis, AMÉLIE.

AGÉNOR, sortant mystérieusement de la chambre de
Champignel.

(A part.)

J'ai suivi à la lettre les instructions d'Amélie...
elle n'est plus ici... rejoignons-la.

(Il s'éloigne par la gauche sans être vu. Les dames
redescendent à moitié le théâtre.)

MARIA.

Où va-t-elle?.. quel est son projet ?

LAURE.

C'est sa femme ! nous pouvons nous en fier
à elle.

Mᵐᵉ DUTERTRE.

Oui, oui, nos intérêts sont en bonnes mains.

(Tremolo à l'orchestre.)

LAURE, prêtant l'oreille, à voix basse.

Chut ! j'entends du bruit !

MARIA, de même.

Chez M. Champignel ?

Mme DUTERTRE, de même.
Que se passe-t-il donc?

CHŒUR, très piano.

Air précédent.

Génie heureux de la vengeance?
Viens nous aider de ta puissance!
Sans merci
Guerre à lui!
Quelle gloire
De punir un coupable époux!

AMÉLIE, sortant de la chambre de Champignel.

Victoire! victoire! victoire!
Venez!.. la victoire est à nous!

LES TROIS AUTRES DAMES.

O ciel! la victoire est à nous.

(Elles sortent sur un trémolo d'orchestre qui continue jusqu'après le premier mot de Champignel. Moment de silence.)

SCÈNE XI.

CHAMPIGNEL, en robe de chambre, sortant de chez lui et en désordre; puis BAPTISTE.

CHAMPIGNEL, marchant à grands pas et regardant de côté et d'autre, très bas.

Malédiction!.. misère et infamie!.. horreur et désespoir!.. c'est cet entrepreneur de jujubes, avec ses prévenances, qui est cause de tout ce qui m'arrive... me forcer à me coucher... fermer mes persiennes... me laisser avec une veilleuse... presque sépulcrale!.. Ah! si j'avais su!.. moi qui rêvais une foule de choses... drôles... au moment où ce compositeur de pilules sortait de ma chambre par ici, j'entends ouvrir avec précaution la porte qui donne sur le jardin... une ombre de femme s'avance... je tressaille... toujours en proie à mes idées (Avec fureur.) anacréoutiques; tout-à-coup, on éteint ma veilleuse. (Il fait comme s'il soufflait une bougie.) Ff!.. et puis... ah! Dieu!... quel souvenir! (Très haut et avec fureur.) Quelle est cette femme?

Air du Baiser au porteur.

Quelle est cette Judith moderne?
Qui, dans ses transports inouis,
M'a placé plus bas qu'Holopherne
Qui fut décapité jadis?
Oui, mais... sans frais... décapité jadis!
Tandis que moi, ce que je me reproche,
Dans cet exécrable malheur,
C'est d'avoir payé de ma poche

(Il tire la poignée de verges de sa robe de chambre.)

L'instrument de mon déshonneur!

Pendant deux minutes,.. deux mortelles minutes, j'ai gémi sous cette bonbonnière dans la position misérable d'un œuf à la neige!.. v'li! v'lan! zin! zin!.. une grêle de coup! un cataclysme d'humiliations! sur le dos, sur les épau-les!.. Si je m'étais retourné, elle me souffletait! Oh! que c'est lâche! mon Dieu! que c'est lâche!..

BAPTISTE, entrant par le fond et se dirigeant vers la porte de la chambre de Champignel; il porte une compresse dans une assiette.
Monsieur?..

CHAMPIGNEL, se retournant.
Que veux-tu?

BAPTISTE, se retournant.
Ah! Monsieur levé! quelle imprudence!

CHAMPIGNEL.
Qui t'a appelé, drôle?

BAPTISTE.
Monsieur, ce sont ces dames qui vous portent intérêt, qui vous envoient cette compresse.

CHAMPIGNEL, furieux.
Ah! coquin!.. ah! butor!.. attends! attends!..

(Il lui donne des coups de pied.)

BAPTISTE.
Ah! Monsieur qui se tient sur une jambe!.. Il paraît que ça va mieux?

CHAMPIGNEL, le frappant toujours.
Ah! tu me fais des compresses, toi!.. tiens! tiens!..

BAPTISTE.
Monsieur! vous allez vous fouler l'autre!..

(Il s'échappe par le fond.)

SCÈNE XII.

CHAMPIGNEL; puis, AGÉNOR.

CHAMPIGNEL, d'abord seul, et redescendant la scène.

Ça me soulage!.. J'ai cédé à ce drôle une partie de mon avanie... Ah! ces dames me font faire des topiques!.. Elles sont toutes dans la confidence, c'est clair! Je ne pourrai plus me montrer sans prêter à rire.

AGÉNOR, entrant par la gauche.
Comment! levé!.. quelle imprudence!*

CHAMPIGNEL, avec humeur.
Allons, trève à cette plaisanterie!.. Vous a-t-on donné le mot?

AGÉNOR.
Le mot?.. quel mot?.. le mot?..

CHAMPIGNEL, à part.
Il ne sait rien... Il a l'air trop bête pour n'être pas de bonne foi.

AGÉNOR, avec expansion.
Ah! mon ami, vous me voyez désolé, je vous croyais encore couché, j'allais vous consulter... Figurez-vous que je pensais avoir fait une conquête, et je cours partout sans pouvoir la rejoindre... Pourtant, il m'en faut une... J'en ai soif!

CHAMPIGNEL, lui sautant au cou en jetant un cri.
Ah! mon ami!..

AGÉNOR.
Vous m'étranglez!

* Agénor, Champignel.

CHAMPIGNEL.

Je puis vous désaltérer. (A part, en marchant à grands pas.) Je reviens à la vie, plus grand que jamais, je me sauve et je me venge !

AGÉNOR, le regardant avec étonnement.

Comme vous gambadez !.. Et votre entorse ?

CHAMPIGNEL, avec une joie folle.

Pas plus d'entorse que de... torticolis... Je suis ingambe comme un lévrier... eh ! eh ! (Il agite ses jambes.) C'était un conte... une ruse...

AGÉNOR.

Bah !

CHAMPIGNEL.

Un billet anonyme m'avait donné un rendez-vous galant... chez moi.

AGÉNOR.

Un rendez-vous ?

CHAMPIGNEL, avec mystère.

Chut !

AGÉNOR.

Et... on y est venu ?

CHAMPIGNEL.

Et... on y est venu.

AGÉNOR.

On y est venu !

CHAMPIGNEL.

Silence !

AGÉNOR.

Après mon départ, alors ?

CHAMPIGNEL.

Après votre départ.

AGÉNOR.

Dans l'obscurité ?

CHAMPIGNEL.

L'amour n'a-t-il pas son flambeau ? (A part.) S'il n'avait eu que cela, encore !

AGÉNOR.

Ah ! que vous êtes heureux !

CHAMPIGNEL, d'un ton protecteur.

Écoutez, Agénor, vous êtes un bon garçon. je vous veux du bien; vous désirez une conquête, j'ai votre affaire.

AGÉNOR.

Comment ça ?

CHAMPIGNEL.

Air : Sur une table quand on porte...

Puisqu'il vous faut une bonne fortune...

AGÉNOR.

Il me la faut, dussé-je l'acheter !

CHAMPIGNEL.

Eh ! bien ! moi, je vous en cède une.

AGÉNOR.

Ciel ! se peut-il ?

CHAMPIGNEL.

      N'allez pas résister !
J'ai le moyen de vous commanditer.

AGÉNOR, transporté.

O Dieu !.. comptez sur ma reconnaissance !

CHAMPIGNEL.

C'est un devoir que mon cœur accomplit,
  Vous débutez, vous êtes sans crédit ;
  Le richard peut faire une avance
  Au jeune homme qui s'établit.

AGÉNOR.

Et quelle intrigue me cédez-vous ?

CHAMPIGNEL.

Ma dernière.

AGÉNOR.

Votre dernière ?

CHAMPIGNEL.

Ne criez pas, sapristi ! vous allez tout gâter !

AGÉNOR.

C'est juste ! quelle est donc cette dame ?

CHAMPIGNEL.

Je n'en sais rien... grâce à l'ingénieuse attention que vous avez eue de me plonger dans les ténèbres !... Mais voici !.. Comprenez bien !

AGÉNOR, avec beaucoup d'intérêt.

Je vous écoute.

CHAMPIGNEL.

Vous avez trouvé le billet anonyme, vous avez surpris mon rendez-vous.

AGÉNOR, avec joie.

Et j'y suis allé à votre place !

CHAMPIGNEL.

De cette façon, votre char est lancé.

AGÉNOR.

Et il n'y a plus qu'à le laisser rouler ; fouette cocher !

CHAMPIGNEL.

Fouette cocher, comme vous dites ! (A part.) Le mot est de circonstance.

AGÉNOR.

Mais comment découvrir la victime de mon abominable rouerie ?

CHAMPIGNEL, tirant de sa poche un bouquet de marguerites.

Au moyen de ce bouquet de marguerites qu'elle a laissé tomber dans la bagarre... Elle seule dans le bal, n'aura pas de bouquet.

AGÉNOR, prenant le bouquet.

Je comprends... Ah ! délicieux !

CHAMPIGNEL, avec importance.

Mais, pas de faiblesse ! oh ! sacrebleu ! n'allez pas gâter la position... soyez sans pitié... dites-lui avec énergie : Vous avez cru trouver M. Champignel ? Eh ! bien ! c'était moi !

AGÉNOR, avec force.

C'était moi !

CHAMPIGNEL.

Elle baissera les yeux, elle vous répondra patati, patata, brelique, breloque ; vous répondrez toujours : C'était moi !

AGÉNOR, de même.

C'était moi !

CHAMPIGNEL.

Et vous comprenez que sa position...

AGÉNOR, avec joie.

Etant fausse...

CHAMPIGNEL.

Comme un jeton, vous êtes naturellement couronné...

AGÉNOR.

De laurier...

CHAMPIGNEL.

Et de myrte.

AGÉNOR.

Soyez tranquille ! je serai inexorable... je serai...

CHAMPIGNEL.

C'est ça !

AGÉNOR, avec bonheur.

Ah! Dieu! j'ai donc une conquête, enfin !..
ah! ma cousine, vous ne voulez aimer qu'un
mauvais sujet, un faiseur de tours! me voilà!

CHAMPIGNEL, raillant à part.

Il va très bien!

SCÈNE XIII.

**AGÉNOR, CHAMPIGNEL, Mme DUTERTRE,
LAURE.**

(Les dames paraissent mystérieusement au fond et
se disposent à écouter.)

CHAMPIGNEL, apercevant les dames, à part.

Ah! ah! on m'épie! (A Agénor, sans transition
et d'un ton irrité.) C'est abominable, Monsieur!..
vous, que je regardais comme un ami!

AGÉNOR, très surpris.

Quoi donc ?

CHAMPIGNEL, bas, et très vite.

Entrez dans la situation! (Haut.) Votre conduite est indigne d'un galant homme! (Bas.)
Mais, fâchez-vous donc! vous avez l'air d'être
empaillé!

AGÉNOR, sans comprendre.

Monsieur!.. (A part.) Du diable si j'y suis!

CHAMPIGNEL.

Vous introduire chez moi !.. éteindre les lu-
mières!.. (Bas.) Je vous sers!

(Il lui prend le bras.)

AGÉNOR, étonné.

Vous ne serrez?..

CHAMPIGNEL, bas.

On nous guette!

AGÉNOR, comprenant.

Ah! bon! (Haut.) Où voulez-vous en venir,
Monsieur ?

CHAMPIGNEL.

Abuser une femme qui croyait s'adresser à
moi !

LES DAMES.

Que dit-il?

AGÉNOR.

Après, Monsieur?

CHAMPIGNEL.

Cela ne se passera pas comme ça! et si je ne
me retenais!..

AGÉNOR.

Mais ne vous retenez pas, Monsieur!

Mme DUTERTRE et LAURE, s'approchant.

Arrêtez!

AGÉNOR, passant près d'elles.

Ah! Mesdames, rassurez-vous, ce n'est rien!*
(A part.) Elles ont chacune leur bouquet... Elle
n'est pas là.

CHAMPIGNEL.

Monsieur !

AGÉNOR.

Laissez-moi !

* Champignel, Agénor, Mme Dutertre, Laure.

CHAMPIGNEL.

Nous nous reverrons, Monsieur !

AGÉNOR, en sortant par le fond.

Quand il vous plaira, Monsieur !

SCÈNE XIV.

CHAMPIGNEL, Mme DUTERTRE, LAURE.

Mme DUTERTRE, vivement.

Quoi! ce que nous venons d'entendre est-il
possible ?

CHAMPIGNEL.

Vous m'en voyez confus et indigné! Me voilà
perdu de réputation, moi! joué, dupé par ce
bachelier... ès-pâte de guimauve!

Mme DUTERTRE.

C'est donc Agénor qui a été pris au piége?

CHAMPIGNEL, jouant l'étonnement.

Au piége !.. il y avait un piége? C'est là mon
bonheur habituel, il y avait un piége, et j'y
échappe tout naturellement.

LAURE, bas, à Mme Dutertre, en riant.

Il appelle cela y échapper!

Mme DUTERTRE, de même.

Et c'est lui, le mari...

LAURE, de même.

Qui s'applaudit...

Mme DUTERTRE, de même.

D'avoir été remplacé!

(Elles rient.)

CHAMPIGNEL, riant aussi.

Ah! ah! ah! parfait!.. et c'est ce déplorable
Agénor qui, en voulant me jouer un tour...
Ah! c'est très bien fait, ça! Voilà qui est très
bien fait, par exemple!

Mme DUTERTRE et LAURE.

Ah! ah! ah! vous trouvez ?

LAURE, bas, à Mme Dutertre.

Cette pauvre Amélie! compromise avec un
étranger... c'est mal de rire.

CHAMPIGNEL, à part.

Elles donnent dedans parfaitement... (Haut.)
J'y suis !.. je parie que c'est la dame noire qui
est l'héroïne de cette mystification!

LAURE.

Justement !

CHAMPIGNEL.

Mais je me suis vengé... car j'ai fait la leçon
à l'apothicaire... Ah!.. il est allé la trouver...
(Mouvement de surprise des dames.) Ah!.. je voudrais voir la figure étonnante qu'elle doit faire
à son vainqueur, un des hommes les plus bêtes
de l'Europe!.. Mais cette anecdote fera le bonheur de mes vieux jours!.. Je voudrais monter
sur les toits pour la publier!.. Dieu! si j'avais
une trompette!..

(Il marche avec joie et à grands pas.)

Mme DUTERTRE, cherchant à le retenir.

Calmez-vous!

CHAMPIGNEL.

Un simple cornet...

LAURE, de même.

Vous ne savez pas,..

CHAMPIGNEL.

A piston ! je jouerais le duo des *Puritains* !
(Il chante à pleine voix) tra la ia la la la la la !..
et si elle a un mari...

LES DEUX DAMES, en riant.

Elle en a un.

CHAMPIGNEL, avec une joie folle.

Elle en a un ?.. Tra la la la là la !.. Tout
m'arrive à la fois !.. Il a des droits à l'Acadé-
mie, celui-là !.. De grâce, dites-moi quelle est
cette dame... que je le sache, que je me re-
paisse de son nom...

LAURE.

C'est que nous ne savons que son nom de
demoiselle.

CHAMPIGNEL.

Allez toujours.

Mᵐᵉ DUTERTRE.

Elle s'appelle...

LAURE.

Amélie Grandin.

CHAMPIGNEL, avec éclat.

Ma femme !..
(Ses jambes fléchissent ; les deux dames l'empêchent
de tomber.)

Mᵐᵉ DUTERTRE.

Qui a quitté les Antilles pour venir surveiller
son mari, occupé à jouer ici le rôle d'un garçon.

CHAMPIGNEL, d'une voix éteinte et fermant les
yeux.

Grand Dieu !.. je me dissous !.. mes jambes
se détachent de moi... Non !.. elles tiennent encore... c'était un effet nerveux.

LAURE.

Vous regrettez votre indiscrétion, maintenant
qu'elle compromet votre femme ?

CHAMPIGNEL, toujours les yeux fermés.

J'aurais besoin d'une boisson un peu géné-
reuse !

Mᵐᵉ DUTERTRE.

Mais, aussi, comment vous êtes-vous laissé
prendre ce rendez-vous ?

CHAMPIGNEL, toujours à lui-même.

Soit du rum, soit du kirch... (Comme se ré-
veillant.) Quoi ? mon rendez-vous ?.. quoi ? mon
rendez-vous ?.. on ne me l'a pas pris... Ah ! mais
non... j'y pense... on ne me l'a pas pris... j'y
suis allé ! j'y étais ! j'y fus ! (En face du public.)
Monsieur !

LES DEUX DAMES.

Comment ?

CHAMPIGNEL.

Tout à l'heure c'était bien, parce que... c'é-
tait bien ! Mais dès qu'il s'agit de ma femme...
de ma femme, à moi, que j'ai décorée de mon
nom... minute, ici ! je rétablis la vérité sur ses
pieds... (Criant.) C'est moi, c'est moi qui ai été
insulté par une épouse chérie !..

LAURE.

Ah ! vous avez beau dire...

Mᵐᵉ DUTERTRE.

Vous ne nous ferez pas accroire...

CHAMPIGNEL.

Comment, vous ne nous ferez pas accroire...
mais je prétends au contraire... Je crierai !.. La
voix d'un mari endommagé a de l'écho en France !.. Je ne veu... pas que ce chenapan d'apo-

thicaire aille dans le monde chanter le duo des
Puritains sur mon compte ! Je publierai les
documens de cette scène... (Rires des dames. —
Il crie.) avec Atlas !.. agénor y est resté com-
plètement étranger !..

Mᵐᵉ DUTERTRE.

Mais il est en ce moment auprès d'Amélie.

CHAMPIGNEL.

Ah ! c'est vrai !.. Ah ! le drôle !.. Et moi qui
lui ai dicté sa conduite !.. Avec son intelligence
de serinette !.. Je l'ai remonté, il jouera l'air !
Courons !.. Pourvu que j'arrive sur la ritour-
nelle !..

(Il court vers le fond.)

SCÈNE XV.

Mᵐᵉ DUTERTRE, CHAMPIGNEL, MARIA,
LAURE ; puis, BAPTISTE.

MARIA, arrêtant Champignel par le bras.

Ah ! M. Champignel !..

CHAMPIGNEL, cherchant à se dégager.

Laissez-moi !.. On m'attend !.. j'espère !

MARIA, le retenant.

Agénor et Amélie...

CHAMPIGNEL, vivement.

Où sont-ils ? que je les cerne !

MARIA.

Je les ai rencontrés dans une allée.

CHAMPIGNEL.

Quoi ? dans une allée !*

MARIA.

Agénor lui montrait un bouquet de marguerites, et lui parlait d'amour !..

CHAMPIGNEL.

D'amour !.. Ah ! ça me porte à la peau !.. Et
elle ?

MARIA.

Elle était rouge et baissait les yeux...

CHAMPIGNEL, à part.

Ciel ! c'est mauvais signe !.. (Haut.) Et puis ?

MARIA.

A ma vue, ils se sont enfuis !

CHAMPIGNEL, à Maria, avec reproche.

C'est votre faute aussi ; vous aviez bien besoin d'exiger qu'il fît des conquêtes !..

(Il remonte la scène.)

MARIA, en mettant la main sur son cœur.

J'ignorais que ça me ferait ce mal-là.

CHAMPIGNEL.

Et à moi, donc ? (A Baptiste qu'il rencontre au
fond.) La dame au voile noir... l'as-tu vue ?

BAPTISTE.

Oui, Monsieur.

CHAMPIGNEL.

Où est-elle ?

BAPTISTE.

Elle est partie pour Paris.

TOUS.

Partie !

* Champignel, Maria, Mᵐᵉ Dutertre, Laure.

CHAMPIGNEL.

Seule ?

BAPTISTE.

Tout ce que je sais, c'est que M. Agénor lui donnait la main pour monter en voiture.

CAAMPIGNEL.

Grand Dieu !.. mon cheval ! vite ! mon cheval !..

BAPTISTE, fausse sortie.

Oui, Monsieur.

CHAMPIGNEL, vivement.

Non, pas mon cheval ! un tilbury, un char-à-bancs !

BAPTISTE, fausse sortie.

Oui, Monsieur.

CHAMPIGNEL, vivement.

Non, pas un char-à-bancs ! un brancart ! une civière ! (Baptiste sort.) Ah ! mon Dieu ! (Il se laisse tomber sur un fauteuil à gauche et se relève aussitôt en jetant un cri.) Oh !.. mon malheur est complet, je ne peux pas m'asseoir, et ma femme est partie !.. deux affections aiguës !

MARIA, désolée.

Partie avec Agénor !

●●

SCÈNE XVI.

CHAMPIGNEL, AGÉNOR, MARIA, Mᵐᵉ DU-TERTRE, LAURE ; puis, BAPTISTE.

AGÉNOR, qui a entendu les derniers mots.

Partie seule, ma cousine.

MARIA.

Seule ?

CHAMPIGNEL et LES DAMES.

Seule ?

CHAMPIGNEL.

Vous l'avez laissée aller sans condition ?

AGÉNOR.

Sans conditions. Je n'aime que Maria.

(Maria lui tend la main.)

CHAMPIGNEL, très joyeux.

Je renais de mes cendres comme l'oiseau de la compagnie du Phénix !.. Ah ! vertueux jeune homme !.. vous êtes digne de l'amour de votre cousine, épousez-la, et... (Plus bas.) ne vous absentez jamais !

AGÉNOR.

Pourquoi ?

CHAMPIGNEL, avec entraînement.

Venez sur mon cœur !.. (A part, en le tenant embrassé.) Quel niais !.. Si j'eusse été à sa place, j'étais flambé, cependant !

BAPTISTE, rentrant.

Monsieur, le cabriolet est prêt.

CHAMPIGNEL, remontant.

Le cabriolet... déjà !

Mᵐᵉ DUTERTRE.

Comment déjà ?.. quand il y a deux ans que vous n'avez vu Amélie ?

CHAMPIGNEL, redescendant. *

C'est bien pour ça... Comment me présenter, après m'être trouvé dans une position si peu légale ? vis-à-vis d'elle ?.. quand je dis vis-à-vis... enfin ! et qui sait ce qu'elle me réserve... mon avenir est très chargé !

Mᵐᵉ DUTERTRE.

Oh ! elle sera indulgente, puisqu'elle a trouvé le moyen de vous corriger.

CHAMPIONEL, d'un air de dédain.

Oui, mais c'est si vieux... on ne s'en sert plus... (Prenant le bouquet de verges.) Quant à cet objet, j'en ferai hommage au musée d'artillerie, pour qu'on le classe avec les fusils à mèche, les arquebuses et les casse-tête, comme une arme périmée... et appartenant à l'histoire.

(Au public.)

Air des Frères de lait.

Si, pour punir ma coupable conduite,
On m'a frappé d'un cruel châtiment,
Qu'au moins, Messieurs, l'exemple vous profite,
Non pas chez vous, grands dieux, assurément,
Mais, en ces lieux, ici, dans ce moment.
Si nos auteurs n'ont pas doté leur pièce
De tout l'esprit qu'on pouvait exiger,
Allons, Messieurs, ferme, point de faiblesse,
Claquez-la, pour la corriger.

TOUS.

Allons, Messieurs, ferme, point de faiblesse,
Claquez-la, pour la corriger.

* Agénor, Maria, Champignel, Mᵐᵉ Dutertre, Laure.

FIN.

Imp. de Mᵐᵉ DE LACOMBE, r. d'Enghien, 12.

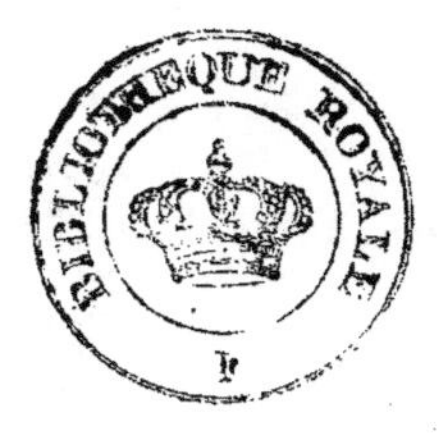